ENGLISCH mit Köpfchen

„Think in English“

Heft 2 – Satzübungen
4. Grundschulklasse
2. Englischjahr

mit herausnehmbaren Lösungen

erarbeitet von
Hermann-Dietrich Hornschuh

unter Mitarbeit von
Rebecca Rüggen

illustriert von
Elisabeth Lottermoser

Mildenberger Verlag

Bestell-Nr. 4901-41 · ISBN 3-619-49141-2

Internetadresse: www.mildenberger-verlag.de
E-Mail: info@mildenberger-verlag.de

Auflage Druck 4 3 2 1
Jahr 2007 2006 2005 2004

Druck: A. Reiff München GmbH, 81825 München
Gedruckt auf umweltfreundlichen Papieren

Zu diesem Heft

An Eltern und Lehrer

„Englisch mit Köpfchen" ist der Titel einer Reihe von sechs Übungsheften für die Schülerinnen und Schüler der dritten und vierten Grundschulklassen. Mit diesen Heften kann unabhängig vom Lehrbuch gearbeitet werden. Sie haben zum Ziel, auf spielerische Art und Weise an die englische Sprache heranzuführen. Das vorliegende Heft „Satzübungen für die 4. Grundschulklasse" soll die Schülerinnen und Schüler beim Bilden und Anwenden weiterer englischer Sätze unterstützen. Für jedes der beiden Schuljahre gibt es drei Hefte: Wortübungen, Satzübungen und Grammatikübungen. Die jedem Heft beiliegenden Lösungen dienen zur Kontrolle der erarbeiteten Ergebnisse.

An Schülerinnen und Schüler

Englisch wird nicht nur in England und in den Vereinigten Staaten von Amerika gesprochen, sondern in der ganzen Welt. Wer Englisch kann, ist in der Lage, sich in fast jedem Land der Erde zu verständigen.

Auch bei uns begegnen wir ständig englischen Wörtern. Diese sind uns zum Teil so vertraut, dass wir sie ganz selbstverständlich schon wie deutsche Wörter verwenden. Beispiele: Skateboard, football oder walkman.

Vor allem auch in der Technik kommen wir ohne englische Wörter nicht mehr aus. Beispiele: Auto (air-bag), Computer (internet) oder Flugzeug (cockpit).

Mit diesem Heft lernst du weitere englische Sätze kennen. Aber damit nicht genug. Du lernst auch, diese Sätze richtig zu schreiben und sie zu übersetzen. Du wirst sehen, dass man beim Erlernen einer neuen Sprache viel Spaß haben kann. Dazu tragen auch die vielen lustigen Zeichnungen bei. Durch diese wird dir manches erst richtig verständlich. Jedes Kapitel ist auf zwei gegenüberliegenden Seiten dargestellt. Immer auf den linken Seiten lernst du das neue Thema und die zugehörigen Wörter und Sätze kennen. Die rechten Seiten dienen stets dazu, diese fehlerfrei zu schreiben.

Willst du überprüfen, ob deine Ergebnisse stimmen, kannst du in der Lösungsbeilage nachsehen. Manchmal kannst du auch sofort feststellen, ob du richtig gearbeitet hast. Dabei hilft dir dann ein Lösungswort, nach dem du suchen musst. Manche Aufgaben wirst du vielleicht nicht sofort lösen können. Aber nach einigem Nachdenken bist du bestimmt erfolgreich.

Auf den letzten sechs Seiten sind alle englischen und deutschen Wörter aus diesem Heft mit ihren Übersetzungen alphabetisch angeordnet. So kannst du leicht herausfinden, wie zum Beispiel house im Deutschen oder Maus im Englischen geschrieben wird.

Einige nützliche Tipps:

- Du musst nicht das ganze Heft von vorn nach hinten durcharbeiten, du kannst dir auch ein beliebiges Thema aussuchen.
- Sieh immer möglichst erst dann zur Kontrolle in die Lösungsbeilage, wenn du selbst ein Ergebnis erarbeitet hast.
- Wiederhole die verschiedenen Themen, sobald du dazu Gelegenheit hast, gleichgültig, ob du beim ersten Durcharbeiten Fehler gemacht hast oder nicht. Je öfter du das machst, desto leichter fällt dir mit der Zeit die englische Sprache.

Wenn du für ein englisches Wort die deutsche Übersetzung oder für ein deutsches Wort die englische Übersetzung suchst, brauchst du nur in den beiden Wörterlisten auf den Seiten 34 – 36 oder 37 – 39 nachzusehen.

Sowohl in der deutschen als auch in der englischen Sprache werden oft lateinische Bezeichnungen verwendet, von denen die wichtigsten in der folgenden Übersicht zusammengefasst sind.

Nomen oder Substantiv	Hauptwort oder Namenwort oder Dingwort
Verb	Tätigkeitswort oder Tunwort oder Zeitwort
Adjektiv	Eigenschaftswort oder Wiewort
Artikel	Begleiter oder Geschlechtswort
Pronomen	Fürwort
Präposition	Verhältniswort
Subjekt	Satzgegenstand
Prädikat	Satzaussage oder Satzkern
Objekt	Ergänzung
Konsonant	Mitlaut
Vokal	Selbstlaut
Singular	Einzahl
Plural	Mehrzahl

Wird im Englischen aus der Einzahl die Mehrzahl dadurch gebildet, dass nur der Buchstabe „s" angehängt wird, dann enthalten die Wörterverzeichnisse am Schluss des Heftes nur die Bezeichnungen für die Einzahl.

Contents

Inhaltsverzeichnis

Lösungen: Beilage

The weather

sunny

sonnig

rainy

regnerisch

cloudy

wolkig

foggy

neblig

windy

windig

stormy

stürmisch

Das Wetter

①

DEUTSCHE SÄTZE
In London ist es neblig.
In Berlin ist es regnerisch.
In Paris ist es wolkig.
In Rom ist es windig.
In Moskau ist es sonnig.
In Washington ist es stürmisch.

ENGLISH SENTENCES

Our house

Unser Haus

②

ENGLISH SENTENCES

The owl is sitting on the roof.

The dog is lying in front of the door.

The roof is red.

The door is green.

My father is writing in the living room.

My mother is working in the bedroom.

DEUTSCHE SÄTZE

Pixy on tour

plane

Flugzeug

bus

Omnibus

car

Auto

boat

Boot

balloon

Ballon

train

Zug

Pixy auf Reisen

③

DEUTSCHE SÄTZE

Pixy reist mit dem Flugzeug.

Pixy reist mit dem Omnibus.

Pixy und ihre Mutter reisen mit dem Auto.

Pixy und ihr Vater reisen mit dem Boot.

Pixy und ihr Hund reisen mit dem Ballon.

Pixy und ihre Katze reisen mit dem Zug.

ENGLISH SENTENCES

The Loch Ness Monster

Das Ungeheuer von Loch Ness

④

ENGLISH SENTENCES
Loch Ness is a lake.
It is in Scotland.
Its water is very dark.
A monster lives in the lake.
It is the Loch Monster Nessie.
It looks like a huge snake.

DEUTSCHE SÄTZE

At the zoo

elephant

Elefant

monkey

Affe

tiger

Tiger

donkey

Esel

wolf

Wolf

bear

Bär

Im Zoo

⑤

DEUTSCHE SÄTZE

Der Zoo ist sehr groß.
Die Elefanten sind neben den Affen.
Die Esel sind hinter den Tigern.
Die Bären sind vor den Wölfen.
Wir beobachten die Besucher.
Die Wärter füttern die Tiere.

ENGLISH SENTENCES

Halloween

Halloween

⑥

ENGLISH SENTENCES
Halloween is the night of witches.
Every witch has got a crooked stick.
The pumpkins have got faces.
Bats are hanging from the ceiling.
A ghost is sitting in the cauldron.
The black cat is on the table.

DEUTSCHE SÄTZE

On the farm

butterfly

Schmetterling

hedgehog

Igel

pig

Schwein

cow

Kuh

horse

Pferd

mouse

Maus

Auf dem Bauernhof

⑦

DEUTSCHE SÄTZE
Ein Schmetterling sitzt auf dem Blatt.
Ein Igel sitzt vor dem Zaun.
Ein Schwein liegt im Hof.
Die Kuh ist im Stall.
Der Bauer sitzt auf dem Pferd.
In der Ecke sitzt eine Maus.

ENGLISH SENTENCES

At school

In der Schule

⑧

ENGLISH SENTENCES

The teacher is standing next to the blackboard.

The globe is in the corner.

The map is hanging on the wall.

A boy is opening the window.

A girl is holding a book.

The caretaker is coming into the classroom.

DEUTSCHE SÄTZE

Jobs

teacher

Lehrerin

teacher

Lehrer

doctor

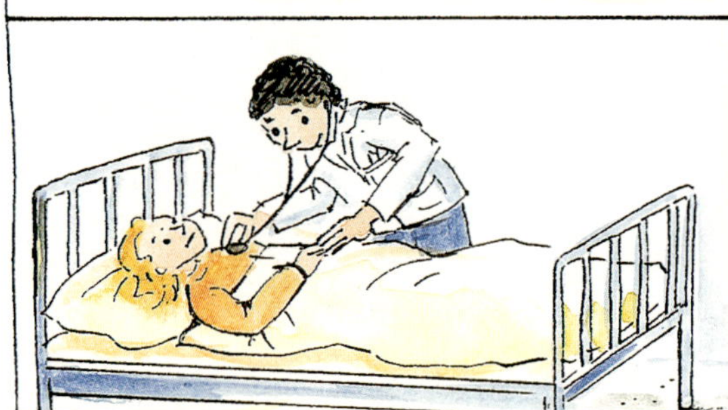

Arzt

dentist

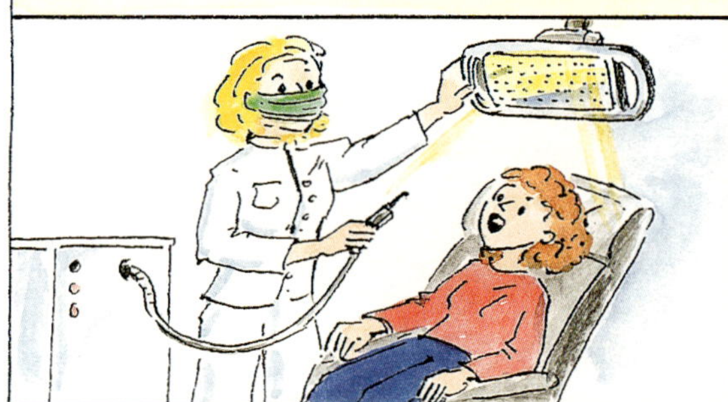

Zahnärztin

postman

Postbote

fireman

Feuerwehrmann

Berufe

⑨

DEUTSCHE SÄTZE
Die Lehrerin unterrichtet Englisch.
Der Lehrer unterrichtet Mathematik.
Der Arzt arbeitet im Krankenhaus.
Die Zahnärztin hat einen Bohrer.
Der Postbote bringt Briefe.
Der Feuerwehrmann löscht Feuer.

ENGLISH SENTENCES

The station

Der Bahnhof

⑩

ENGLISH SENTENCES

We are standing at the counter.
We are buying a ticket.
We are on the platform.
We are waiting for the train.
We look at the clock.
At last we get on the train.

DEUTSCHE SÄTZE

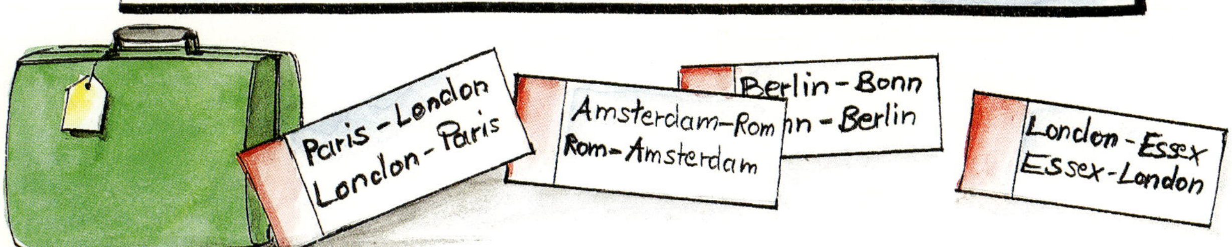

The Easter Bunny

on

auf

in

in

behind

hinter

under

unter

next to

neben

in front of

vor

Der Osterhase

⑪

DEUTSCHE SÄTZE

Der Osterhase steht auf dem Stuhl.
Der Osterhase sitzt im Korb.
Der Osterhase liegt hinter dem Ball.
Der Osterhase schläft unter dem Tisch.
Der Osterhase liegt neben dem Bett.
Der Osterhase schreibt vor dem Schrank.

ENGLISH SENTENCES

Father Christmas

Der Weihnachtsmann

⑫

ENGLISH SENTENCES

Father Christmas has got a red coat.
Father Christmas has got a white beard.
Father Christmas has got a big stick.
Father Christmas travels by sleigh.
Father Christmas brings presents.
Father Christmas admires the Christmas trees.

DEUTSCHE SÄTZE

Yes or No

big house

großes Haus

small house

kleines Haus

blue car

blaues Auto

yellow car

gelbes Auto

short boat

kurzes Boot

long boat

langes Boot

Ja oder nein

⑬

DEUTSCHE SÄTZE
Ist das linke Haus groß?
Ja, das linke Haus ist groß.
Ist das rechte Auto blau?
Nein, das linke Auto ist blau.
Ist das linke Boot lang?
Nein, das rechte Boot ist lang.

ENGLISH SENTENCES

The crossroads

Die Straßenkreuzung

⑭

ENGLISH SENTENCES
Is the man walking across the road?
No, he is sitting in the car.
Is the woman standing by the shop?
No, she is sitting on the bench.
Is the child playing with a ball?
No, it is riding a bike.

DEUTSCHE SÄTZE

Words in English and German

A, a

a	ein
to admire	bewundern
and	und
animal	Tier
are	sind
at	an
at last	endlich

B, b

ball	Ball
balloon	Ballon
basket	Korb
bat	Fledermaus
bear	Bär
beard	Bart
bed	Bett
bedroom	Schlafzimmer
behind	hinter
bench	Bank
big	groß
black	schwarz
blackboard	Wandtafel
blue	blau
boat	Boot
book	Buch
boy	Junge
to bring	bringen
bunny	Hase
bus	Omnibus
butterfly	Schmetterling
to buy	kaufen

C, c

car	Auto
caretaker	Hausmeister
cat	Katze
ceiling	Zimmerdecke
chair	Stuhl
child	Kind
Christmas	Weihnachten
classroom	Klassenzimmer
clock	Uhr
cloudy	wolkig
coat	Mantel
corner	Ecke
counter	Schalter
cow	Kuh
crooked	krumm
crossroads	Straßenkreuzung
cupboard	Schrank

D, d

dark	dunkel
dentist	Zahnarzt/-ärztin
doctor	Arzt/Ärztin
dog	Hund
donkey	Esel
door	Tür
drill	Bohrer

E, e

Easter	Ostern
Easter Bunny	Osterhase
elephant	Elefant
English	Englisch
every	jede(-r, -s)

F, f

face	Gesicht
farm	Bauernhof
farmer	Bauer
father	Weihnachtsmann
Father Christmas	Vater
fence	Zaun
fire	Feuer
fireman	Feuerwehrmann
to fly	fliegen
foggy	nebelig

G, g

ghost	Geist
girl	Mädchen
globe	Globus
green	grün

H, h

to hang	hängen
to have	haben
hedgehog	Igel
her	ihr, ihre
his	sein
to hold	halten

Words in English and German

horse	Pferd
hospital	Krankenhaus
house	Haus
huge	riesig
I, i	
in	vor
in front of	in
into	hinein
is	ist
it	es
J, j	
job	Beruf
K, k	
kettle	Kessel
L, l	
lake	See
leaf	Blatt
left	links
letter	Brief
to lie	liegen
to live	leben
living room	Wohnzimmer
long	lang
to look	sehen
to look like	aussehen wie
M, m	
man	Mann
many	viele
map	Landkarte
maths	Mathematik
monkey	Affe
monster	Ungeheuer
Moscow	Moskau
mouse	Maus
N, n	
next to	neben
night	Nacht
no	nein
O, o	
on	auf
to open	öffnen
or	oder
our	unser
over	über
owl	Eule
P, p	
pig	Schwein
plane	Flugzeug
platform	Bahnsteig
to play	spielen
postman	Postbote
present	Geschenk
pumpkin	Kürbis
to put out	löschen
R, r	
rainy	regnerisch
to read	lesen
red	rot
to ride	fahren
right	rechts
Rome	Rom
roof	Dach
S, s	
school	Schule
Scotland	Schottland
ship	Schiff
shop	Laden
short	kurz
to sit	sitzen
sledge	Schlitten
to sleep	schlafen
small	klein
snake	Schlange
stable	Stall
to stand	stehen
station	Bahnhof
stick	Stock
stormy	stürmisch
street	Straße
sunny	sonnig
T, t	
table	Tisch
to teach	unterrichten
teacher	Lehrer
teacher	Lehrerin
the	der, die, das

ticket	Fahrkarte
tiger	Tiger
tour	Reise
train	Zug
to travel	reisen
tree	Baum

U, u

under	unter

V, v

very	sehr
visitor	Besucher

W, w

to wait	Wand
to walk	warten
wall	laufen
to watch	Wasser
water	beobachten
weather	Wetter
white	weiß
window	Fenster
windy	windig
witch	Hexe
with	mit
wolf	Wolf
woman	Frau
to work	arbeiten
to write	schreiben

Y, y

yard	Hof
yellow	gelb
yes	ja

Z, z

zebra	Zebra
zoo	Zoo
zookeeper	Zoowärter

Wörter in Deutsch und Englisch

A, a	
Affe	monkey
an	at
arbeiten	to work
Arzt / Ärztin	doctor
auf	on
aussehen wie	to look like
Auto	car
B, b	
Bahnhof	station
Bahnsteig	platform
Ball	ball
Ballon	balloon
Bank	bench
Bär	bear
Bart	beard
Bauer	farmer
Bauernhof	farm
beobachten	to watch
Beruf	job
Besucher	visitor
Bett	bed
bewundern	to admire
Blatt	leaf
blau	blue
Bohrer	drill
Boot	boat
Brief	letter
bringen	to bring
Baum	tree
Buch	book
D, d	
Dach	roof
das	the
der	the
die	the
dunkel	dark
E, e	
Ecke	corner
ein	a
Elefant	elephant
endlich	at last
Englisch	English
es	it
Esel	donkey
Eule	owl
F, f	
fahren	to ride
Fahrkarte	ticket
Fenster	window
Feuer	fire
Feuerwehrmann	fireman
Fledermaus	bat
fliegen	to fly
Flugzeug	plane
Frau	woman
G, g	
Geist	ghost
gelb	yellow
Geschenk	present
Gesicht	face
Globus	globe
groß	big
grün	green
H, h	
haben	to have
halten	to hold
hängen	to hang
Hase	bunny
Haus	house
Hausmeister	caretaker
Hexe	witch
hinein	into
hinter	behind
Hof	yard
Hund	dog
I, i	
Igel	hedgehog
ihr, ihre	her
in	in
ist	is
J, j	
ja	yes
jede	every
Junge	boy
K, k	
Katze	cat
kaufen	to buy
Kessel	kettle

Kind	child
Klassenzimmer	classroom
klein	small
Korb	basket
Krankenhaus	hospital
krumm	crooked
Kuh	cow
Kürbis	pumpkin
kurz	short

L, l

Laden	shop
Landkarte	map
lang	long
laufen	to walk
leben	to live
Lehrer	teacher
Lehrerin	teacher
lesen	to read
liegen	to lie
links	left
löschen	to put out

M, m

Mädchen	girl
Mann	man
Mantel	coat
Mathematik	maths
Maus	mouse
mit	with
Moskau	Moscow

N, n

Nacht	night
nebelig	foggy
neben	next to
nein	no

O, o

oder	or
öffnen	to open
Omnibus	bus
Osterhase	Easter Bunny
Ostern	Easter

P, p

Pferd	horse
Postbote	postman

R, r

rechts	right
regnerisch	rainy
Reise	tour
reisen	to travel
riesig	huge
Rom	Rome
rot	red

S, s

Schalter	counter
Schiff	ship
schlafen	to sleep
Schlafzimmer	bedroom
Schlange	snake
Schlitten	sledge
Schmetterling	butterfly
Schottland	Scotland
Schrank	cupboard
schreiben	to write
Schule	school
schwarz	black
Schwein	pig
See	lake
sehen	to look
sehr	very
sein	his
sind	are
sitzen	to sit
sonnig	sunny
spielen	to play
Stall	stable
stehen	to stand
Stock	stick
Straße	street
Straßenkreuzung	crossroads
Stuhl	chair
stürmisch	stormy

T, t

Tier	animal
Tiger	tiger
Tisch	table
Tür	door

U, u

über	over
Uhr	clock
und	and
Ungeheuer	monster
unser	our
unter	under
unterrichten	to teach

V, v

Vater	father
viele	many
vor	in front of

W, w

Wand	wall
Wandtafel	blackboard
warten	to wait
Wasser	water
Weihnachten	Christmas
Weihnachtsmann	Father Christmas
weiß	white
Wetter	weather
windig	windy
Wohnzimmer	living room
Wolf	wolf
wolkig	cloudy

Z, z

Zahnarzt /-ärztin	dentist
Zaun	fence
Zebra	zebra
Zimmerdecke	ceiling
Zoo	zoo
Zoowärter	zookeeper
Zug	train

Notes - Notizen :

ENGLISCH mit Köpfchen

Heft 2 – Satzübungen
4. Grundschulklasse – 2. Englischjahr

Lösungsbeilage

erarbeitet von
Hermann-Dietrich Hornschuh

Lösungen zu Seite 7

Das Wetter

①

DEUTSCHE SÄTZE
In London ist es neblig.
In Berlin ist es regnerisch.
In Paris ist es wolkig.
In Rom ist es windig.
In Moskau ist es sonnig.
In Washington ist es stürmisch.

ENGLISH SENTENCES
In London it is foggy.
In Berlin it is rainy.
In Paris it is cloudy.
In Rome it is windy.
In Moscow it is sunny.
In Washington it is stormy.

Lösungen zu Seite 9

Unser Haus

②

ENGLISH SENTENCES
The owl is sitting on the roof.
The dog is lying in front of the door.
The roof is red.
The door is green.
My father is writing in the living room.
My mother is working in the bedroom.

DEUTSCHE SÄTZE
Die Eule sitzt auf dem Dach.
Der Hund liegt vor der Tür.
Das Dach ist rot.
Die Tür ist grün.
Mein Vater schreibt im Wohnzimmer.
Meine Mutter arbeitet im Schlafzimmer.

Mildenberger Verlag

Lösungen zu Seite 11

Pixy auf Reisen

③

DEUTSCHE SÄTZE
Pixy reist mit dem Flugzeug.
Pixy reist mit dem Omnibus.
Pixy und ihre Mutter reisen mit dem Auto.
Pixy und ihr Vater reisen mit dem Boot.
Pixy und ihr Hund reisen mit dem Ballon.
Pixy und ihre Katze reisen mit dem Zug.

ENGLISH SENTENCES
Pixy travels by plane.
Pixy travels by bus.
Pixy and her mother travel by car.
Pixy and her father travel by boat.
Pixy and her dog travel by ballon.
Pixy and her cat travel by train.

Lösungen zu Seite 13

Das Ungeheuer von Loch Ness

④

ENGLISH SENTENCES
Loch Ness is a lake.
It is in Scotland.
Its water is very dark.
A monster lives in the lake.
It is the Loch Monster Nessie.
It looks like a huge snake.

DEUTSCHE SÄTZE
Loch Ness ist ein See.
Er ist in Schottland.
Sein Wasser ist sehr dunkel.
Ein Monster lebt im See.
Es ist Nessie, das Loch Ness Monster.
Es sieht aus wie eine riesige Schlange.

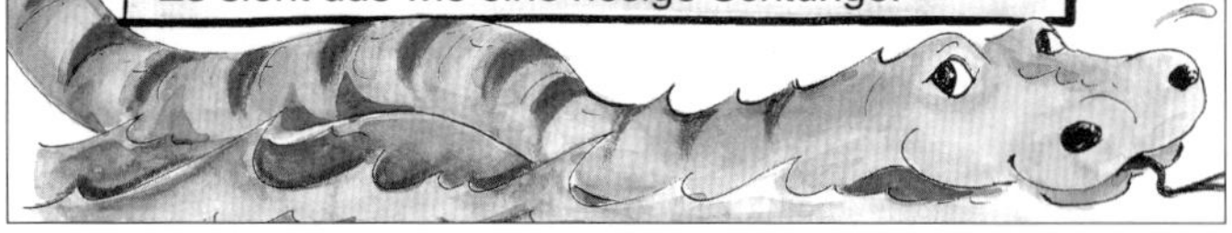

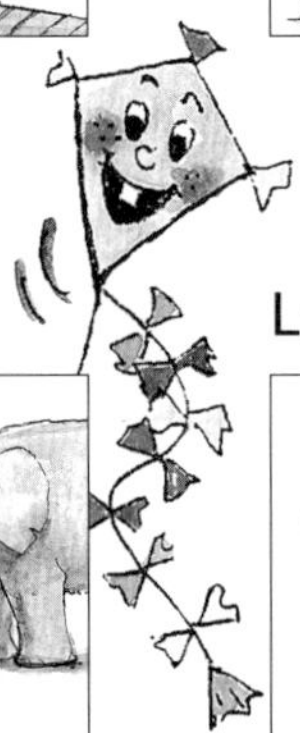

Lösungen zu Seite 15

Im Zoo

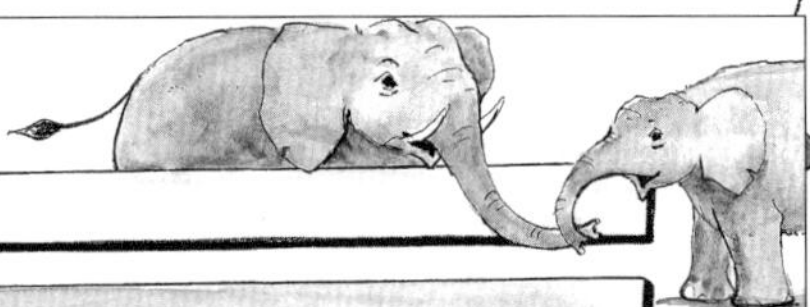

⑤

DEUTSCHE SÄTZE
Der Zoo ist sehr groß.
Die Elefanten sind neben den Affen.
Die Esel sind hinter den Tigern.
Die Bären sind vor den Wölfen.
Wir beobachten die Besucher.
Die Wärter füttern die Tiere.

ENGLISH SENTENCES
The zoo is very big.
The elephants are next to the monkeys.
The donkeys are behind the tigers.
The bears are in front of the wolves.
We are watching the visitors.
The zookeepers are feeding the animals.

Lösungen zu Seite 17

Halloween

⑥

ENGLISH SENTENCES
Halloween is the night of witches.
Every witch has got a crooked stick.
The pumpkins have got faces.
Bats are hanging from the ceiling.
A ghost is sitting in the cauldron.
The black cat is on the table.

DEUTSCHE SÄTZE
Halloween ist die Nacht der Hexen.
Jede Hexe hat einen krummen Stock.
Die Kürbisse haben Gesichter.
Fledermäuse hängen von der Decke.
Ein Geist sitzt im Kessel.
Die schwarze Katze ist auf dem Tisch.

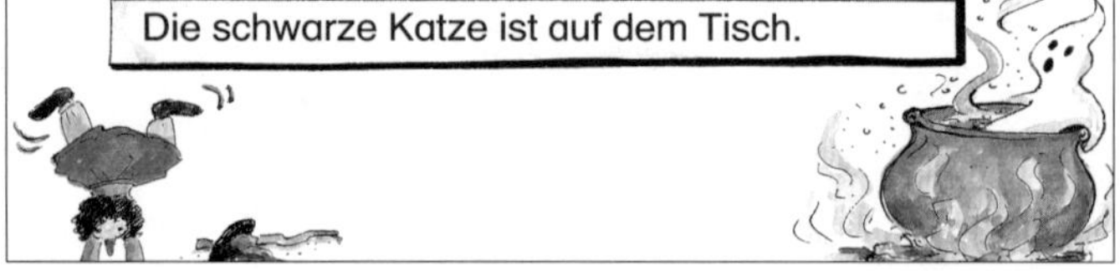

Lösungen zu Seite 19

Auf dem Bauernhof

⑦

DEUTSCHE SÄTZE
Ein Schmetterling sitzt auf dem Blatt.
Ein Igel sitzt vor dem Zaun.
Ein Schwein liegt im Hof.
Die Kuh ist im Stall.
Der Bauer sitzt auf dem Pferd.
In der Ecke sitzt eine Maus.

ENGLISH SENTENCES
A butterfly is sitting on the leaf.
A heagehog is sitting in front of the fence.
A pig is lying in the yard.
The cow is in the stable.
The farmer ist sitting on the horse.
A mouse is sitting in the corner.

Lösungen zu Seite 21

In der Schule

⑧

ENGLISH SENTENCES
The teacher is standing next to the blackboard.
The globe is in the corner.
The map is hanging on the wall.
A boy is opening the window.
A girl is holding a book.
The caretaker is coming into the classroom.

DEUTSCHE SÄTZE
Der Lehrer steht neben der Tafel.
Der Globus ist in der Ecke.
Die Landkarte hängt an der Wand.
Ein Junge öffnet das Fenster.
Ein Mädchen hält ein Buch.
Der Hausmeister kommt ins Klassenzimmer.

Lösungen zu Seite 23

Berufe

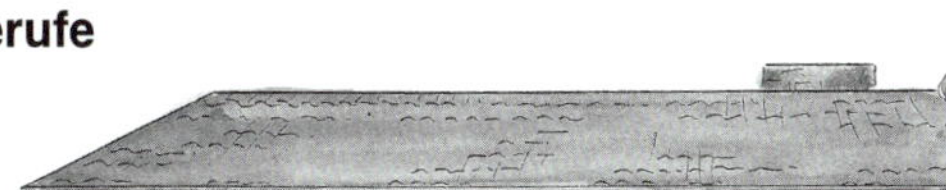

⑨

DEUTSCHE SÄTZE
Die Lehrerin unterrichtet Englisch.
Der Lehrer unterrichtet Mathematik.
Der Arzt arbeitet im Krankenhaus.
Die Zahnärztin hat einen Bohrer.
Der Postbote bringt Briefe.
Der Feuerwehrmann löscht Feuer.

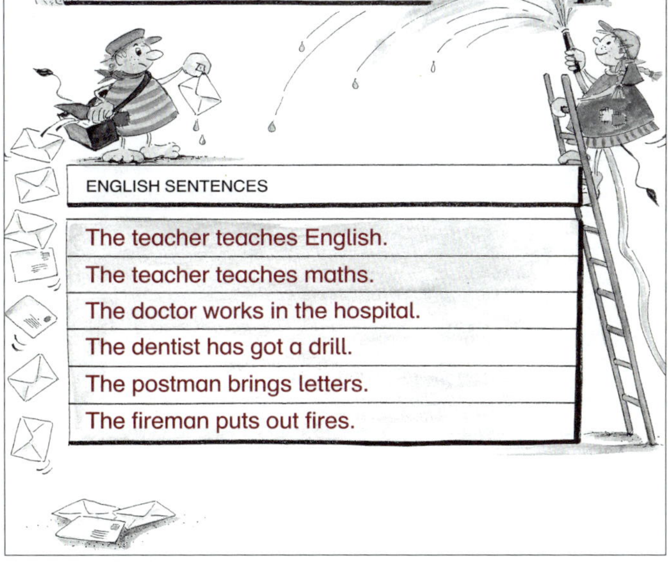

ENGLISH SENTENCES
The teacher teaches English.
The teacher teaches maths.
The doctor works in the hospital.
The dentist has got a drill.
The postman brings letters.
The fireman puts out fires.

Lösungen zu Seite 25

Der Bahnhof

⑩

ENGLISH SENTENCES
We are standing at the counter.
We are buying a ticket.
We are on the platform.
We are waiting for the train.
We look at the clock.
At last we get on the train.

DEUTSCHE SÄTZE
Wir stehen am Schalter.
Wir kaufen eine Fahrkarte.
Wir sind auf dem Bahnsteig.
Wir warten auf den Zug.
Wir schauen nach der Uhr.
Endlich steigen wir in den Zug.

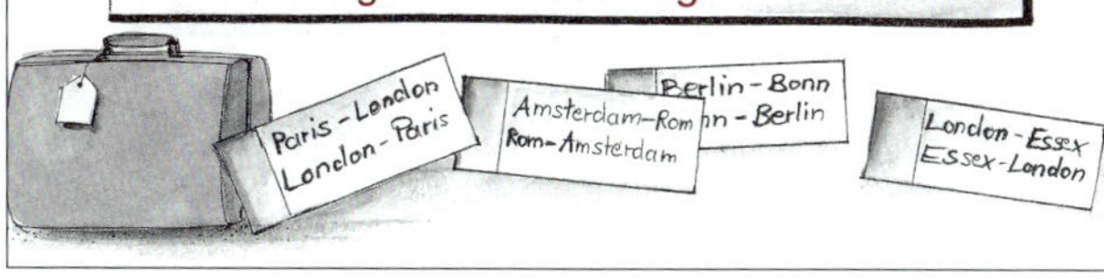

Lösungen zu Seite 27

Der Osterhase

⑪

DEUTSCHE SÄTZE
Der Osterhase steht auf dem Stuhl.
Der Osterhase sitzt im Korb.
Der Osterhase liegt hinter dem Ball.
Der Osterhase schläft unter dem Tisch.
Der Osterhase liegt neben dem Bett.
Der Osterhase schreibt vor dem Schrank.

ENGLISH SENTENCES
The Easter bunny is standing on the chair.
The Easter bunny is sitting in the basket.
The Easter bunny is lying behind the ball.
The Easter bunny is sleeping under the table.
The Easter bunny is lying next to the bed.
The Easter bunny is writing in front of the cupboard.

Lösungen zu Seite 29

Der Weihnachtsmann

⑫

ENGLISH SENTENCES
Father Christmas has got a red coat.
Father Christmas has got a white beard.
Father Christmas has got a big stick.
Father Christmas travels by sleigh.
Father Christmas brings presents.
Father Christmas admires the Christmas trees.

DEUTSCHE SÄTZE
Der Weihnachtsmann hat einen roten Mantel.
Der Weihnachtsmann hat einen weißen Bart.
Der Weihnachtsmann hat einen großen Stock.
Der Weihnachtsmann fährt mit dem Schlitten.
Der Weihnachtsmann bringt Geschenke.
Der Weihnachtsmann bewundert die Weihnachtsbäume.

Lösungen zu Seite 31

Ja oder nein

⑬

DEUTSCHE SÄTZE
Ist das linke Haus groß?
Ja, das linke Haus ist groß.
Ist das rechte Auto blau?
Nein, das linke Auto ist blau.
Ist das linke Boot lang?
Nein, das rechte Boot ist lang.

ENGLISH SENTENCES
Is the house on the left big?
Yes, the house on the left is big.
Is the car on the right blue?
No, the car on the left is blue.
Is the boat on the left long?
No, the boat on the right is long.

Lösungen zu Seite 33

Die Straßenkreuzung

⑭

ENGLISH SENTENCES
Is the man walking across the road?
No, he is sitting in the car.
Is the woman standing by the shop?
No, she is sitting on the bench.
Is the child playing with a ball?
No, it is riding a bike.

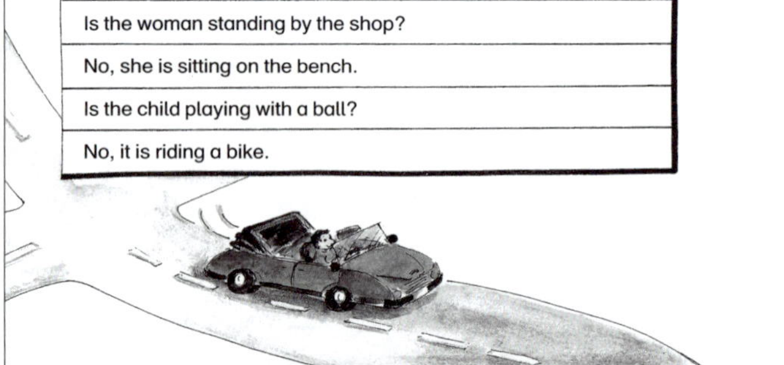

DEUTSCHE SÄTZE
Läuft der Mann über die Straße?
Nein, er sitzt im Auto.
Steht die Frau neben dem Laden?
Nein, sie sitzt auf der Bank.
Spielt das Kind mit einem Ball?
Nein, es fährt Fahrrad.